STRATEGIE DI TRADING BINARIO

Scopri le Strategie per Realizzare Profitti Con le Opzioni Binarie

WAYNE WALKER

© Copyright 2017 di Wayne Walker, Tutti i diritti riservati.

Questo libro è stato scritto con l'obiettivo di fornire informazioni che siano il più possibile accurate e affidabili. Prima di intraprendere qualsiasi azione contenuta nel presente documento, dovrebbero essere consultati dei professionisti a seconda delle necessità.

La presente dichiarazione è ritenuta equa e valida sia dall'American Bar Association che dalla Committee of Publishers Association, giuridicamente vincolante in tutti gli Stati Uniti.

Inoltre, la trasmissione, la duplicazione o la riproduzione di una qualsiasi delle seguenti opere, incluse informazioni precise, sarà considerata un atto illegale, indipendentemente dal fatto che sia stata effettuata elettronicamente o a mezzo stampa. La legalità si estende alla creazione di copie secondarie o terziarie dell'opera o di una copia registrata, consentite esclusivamente con l'espresso consenso scritto dell'Editore. Tutti i diritti aggiuntivi sono riservati.

Le informazioni contenute nelle seguenti pagine devono essere considerate, in linea di massima, un resoconto veritiero e accurato dei fatti e, in quanto tali, qualsiasi disattenzione, uso o abuso delle informazioni in questione da parte del lettore renderà qualsiasi azione risultante esclusivamente di sua competenza. Non esistono scenari in cui l'editore o l'autore originale di quest'opera possano in alcun modo essere ritenuti responsabili per eventuali disagi o danni che potrebbero verificarsi dopo aver messo in atto le informazioni qui descritte.

INDICE

INTRODUZIONE 5

CAPITOLO 1: Le Basi del Trading Binario 7

CAPITOLO 2: Analisi Fondamentale..11

CAPITOLO 3: Analisi Tecnica.. 17

CAPITOLO 4: Opzioni di Base.. 23

CAPITOLO 5: Segnali e Strategie Basate sulla Tecnologia.................... 29

CAPITOLO 6: Strategia di Co-integrazione... 35

CAPITOLO 7: Selezione di un Partner Di Trading 39

BONUS: Guida all'Analisi Tecnica del Trading 43

STRATEGIA SUPPORTI E RESISTENZE... 53

CONCLUSIONI 61

L'AUTORE 63

INTRODUZIONE

Congratulazioni per la tua copia personale di *Strategie di Trading Binario: Scopri le Strategie per Realizzare Profitti Con le Opzioni Binarie*.

Questo libro ti permetterà di avere tutte le nozioni per iniziare a fare trading di opzioni binarie e portare avanti le strategie correlate. Esamineremo diverse tecniche che possono aumentare la tua capacità di realizzare profitti. I capitoli finali esploreranno le mosse strategiche che potrai iniziare da utilizzare da subito. I contenuti bonus ti porteranno ancora oltre! Sono molti i libri presenti sul mercato che trattano questo argomento, grazie ancora per aver scelto questo!

CAPITOLO 1:
Le Basi del Trading Binario

Le opzioni binarie vengono spesso indicate come opzioni di trading che sono tutto o niente, e questo per buone ragioni: dipende tutto dal modo in cui funzionano. Le opzioni binarie differiscono dalle opzioni plain vanilla perché il loro payoff è un importo fisso basato su una proposta sì/no. Questa dualità di possibili risultati è ciò che dà il nome alle opzioni binarie. Sono strumenti del mercato dei capitali che molte persone scelgono di utilizzare nella loro ricerca di profitti.

La sfida principale con il trading di opzioni binarie è che per molti non sono così redditizie come potrebbero sembrare. Ciò è dovuto al fatto che non hanno familiarità con le strategie che possono essere messe in campo per massimizzare i profitti dalle loro operazioni di trading. Se hai intenzione di fare trading con le opzioni binarie, o se stai anche solo pensando di farlo, devi assicurarti di essere ben preparato. E ti puoi preparare rivedendo e imparando le diverse possibilità da mettere in atto con le strategie che tratteremo.

Tutto

Il fattore "tutto" gioca con il desiderio di molte persone di fare trading utilizzando le opzioni binarie. Sei in grado di fare una buona quantità di denaro con sole poche operazioni, permettendoti quindi di avere altre possibilità di trading con nuovi profitti. Con le operazioni binarie non devi indovinare cosa puoi fare o non fare a seconda del mercato. All'inizio, quando apri un'opzione binaria, saprai esattamente cosa puoi guadagnare da quella opzione. Guadagnerai quell'importo, o in molti casi nulla. Se ti alletta sapere di ricevere indietro un importo fisso, allora potresti voler dare un'occhiata anche all'altro lato del trading binario.

Niente

Se non guadagni tutti i soldi che hai investito (e di più), non guadagnerai nulla. Con il trading binario c'è sempre questa possibilità, che può essere un grosso problema se non hai il capitale da spendere per le operazioni di trading. Per questo motivo, dovresti disporre di un capitale di rischio adeguato in modo che una possibile perdita all'interno di un'operazione non abbia un impatto enorme su di te. Puoi fare trading binario come nuovo trader, ma potrebbe non essere la scelta migliore dato che rischi di perdere tutto il capitale di rischio che hai investito. Questo è uno degli aspetti negativi del trading binario e qualcosa di cui dovresti essere consapevole.

Esistono, tuttavia, diverse strategie che ti aiuteranno a far diventare redditizie questo tipo di opzioni. Sia che tu voglia aumentare la probabilità di fare soldi o se semplicemente vuoi imparare le specifiche che accompagnano il realizzare profitti con il trading binario, l'utilizzo di queste strategie può essere vantaggioso per chiunque le utilizzi.

CAPITOLO 2:
Analisi Fondamentale

La maggior parte delle persone che fanno trading o sono coinvolte nei mercati utilizzano in una certa misura l'analisi fondamentale. Questa analisi ti aiuterà a mettere in atto ancora meglio i vari concetti di trading che verranno presentati più avanti nel libro. L'analisi fondamentale è uno strumento che utilizzerai con quasi tutte le altre strategie. Dato che hai l'opportunità di esplorare nuovi concetti e conoscere le diverse operazioni possibili con le opzioni binarie, sarebbe bene utilizzare l'analisi fondamentale come aiuto lungo il tuo percorso.

Basi

L'idea alla base dell'analisi fondamentale è quella di analizzare l'azienda o un titolo nel suo insieme. Hai bisogno di capire le informazioni relative ai bilanci, insieme al flusso di cassa e ogni altro aspetto rilevante di quell'azienda. Utilizzerai queste informazioni per bilanciare i rischi/benefici che derivano dall'investimento e ciò ti aiuterà ad avere una migliore comprensione di quella attività. Vale la pena investire o vuoi perseguire diverse opportunità con il denaro che hai a disposizione?

Flussi di Cassa

Il flusso di cassa è una delle aree chiave che esaminerai durante l'utilizzo del modello di analisi fondamentale, per aiutare a proteggere i profitti con le strategie di opzioni binarie. Esiste un flusso di cassa positivo? Vengono presi in considerazione e spiegati eventuali problemi insoliti? Se la risposta a una di queste due domande è "no", dovrai capire il perché e poi decidere se possa comunque essere o meno una buona opportunità per te.

Periodo di Tempo dell'Azienda

Il periodo di tempo in cui un'azienda è rimasta in attività può avere un impatto sulla quantità di denaro ricavabile da essa in un determinato periodo di tempo. Se un'azienda non è in attività da molto tempo, scegliere di investire su di essa potrebbe non essere l'idea migliore. Lo stesso vale se invece è in attività da molto tempo: c'è una data di scadenza per tutto e l'azienda potrebbe dover chiudere se non è riuscita a tenere il passo con i cambiamenti del mercato.

Livello di Indebitamento

Il livello di indebitamento è un altro dei fattori da tenere in considerazione quando si decide di investire in un'azienda. Devi cercare quello che viene chiamato un basso rapporto tra attività correnti e passività correnti. Normalmente può ritenersi positivo un rapporto nell'area di 1 a 3.

In alcuni casi, tuttavia, troppi contanti possono configurarsi come qualcosa di negativo. Possono essere un segnale di diverse cose; non si sta investendo abbastanza nel futuro, non c'è nulla nella pipeline di sviluppo del prodotto. Il denaro in eccesso potrebbe anche significare che non si stanno facendo acquisti strategici. Molti affermano che sia un segno di un atteggiamento non abbastanza proattivo da parte della leadership dell'azienda.

Tieni presente che il rapporto è relativo al settore che stai ricercando, ad esempio le aziende del settore tecnologico hanno rapporti di indebitamento ben superiori.

PE Ratio - Rapporto Prezzo/Utili

Questo rapporto indica quanto vale un'azienda in uno scambio, in relazione al reddito derivante dai suoi prodotti e servizi. Questo è il metodo più utilizzato per valutare le azioni (stock) e capire se il loro prezzo è corretto. Leggerai spesso questo termine, quindi è importante che tu capisca il concetto. Prendiamo un esempio piuttosto semplice: se un'impresa dispone di azioni che sono valutate 50 milioni e i profitti sono di 5 milioni, il rapporto P/E sarà 10. Come abbiamo già detto nel caso dell'attività e passività, il rapporto è relativo al settore che stai ricercando.

Amministratori e Trading

Gli amministratori sono tenuti a fornire informazioni quando fanno trading con azioni nelle loro società. Di solito sono i più informati dell'azienda, quindi potrebbe essere un indizio per eventi futuri, ma è sempre bene mantenere la mente aperta.

Alcune persone pensano che quando gli amministratori vendono è perché c'è qualcosa di negativo nell'azienda, e se acquistano è perché sono consapevoli di un momento positivo. Si tratta certo di un indicatore, ma non può dare la sicurezza al 100%; ad esempio, una vendita può essere dovuta banalmente alla necessità di denaro. Potrebbero voler investire in altri mercati, oppure sono eccessivamente esposti alle azioni di quella particolare società e devono ridurre. Potrebbe anche derivare tutto da un divorzio, quindi non sempre è un chiaro segnale che stia accadendo qualcosa di drammatico.

Informazioni Fiscali

Quando analizzi la base dell'analisi fondamentale dietro l'attività in cui speri di investire, dovresti considerare anche gli elementi fiscali. Valutare le informazioni fiscali del passato e del presente ti sarà utile se hai intenzione di investire in un'impresa e ricoprire un ruolo in un quadro più ampio. Se non hai modo di analizzare le informazioni fiscali, o ti sembra ci sia qualcosa di insolito, dovresti riconsiderare se l'azienda fa per te.

Profitti Previsti

Ci sono molti metodi utilizzabili per capire quale sarà il probabile profitto per un'azienda che hai scelto. Puoi utilizzarli, e la maggior parte delle volte troverai le informazioni necessarie attraverso le tue indagini. Se non sei in grado di prevedere un profitto nel prossimo futuro, potresti considerare di investire su di una società diversa.

Il Quadro Generale

Valuta sempre il quadro generale degli investimenti che stai considerando. Un quadro più ampio dovrebbe le fornirti informazioni necessarie e ti aiuterà a valutare come utilizzare al meglio i tuoi fondi. Combina tutte le informazioni che hai raccolto e mettile insieme. Ti sembra che quell'attività sia stabile? Vi sono dei profitti attesi? Cosa riserva il futuro per quella attività? Ognuna di queste cose ti aiuterà a capire cosa potrebbe accadere e se sia il caso o meno di investire. Non puoi mai esattamente sapere cosa farà il mercato, tienilo a mente quando investi.

Questa strategia è una delle migliori che puoi usare. Comprende tutte gli elementi rilevanti che dovresti conoscere di un'azienda, ed è un qualcosa che quasi tutti gli investitori utilizzano quando vogliono piazzare un'operazione di trading o investire. Infine, non è necessario utilizzare una sola strategia (analisi fondamentale); anzi, l'utilizzo di due strategie può aiutarti a ottenere maggiori profitti dal trading con opzioni binarie.

CAPITOLO 3:
Analisi Tecnica

Nonostante i nomi siano simili, in realtà esistono alcune differenze tra l'analisi fondamentale e le strategie di analisi tecnica. Ciò è dovuto ai diversi elementi su cui si concentrano e al modo in cui sono in grado di sfruttare i vantaggi che derivano da ciascuno di essi. Uno dei maggiori vantaggi dell'utilizzo dell'analisi tecnica è che non dovrai preoccuparti del valore effettivo di un'azienda (o asset), ma solo dei profitti che l'asset potrebbe portarti quando investi o fai trading. Per questo motivo, avrai meno lavoro quando deciderai i tuoi prossimi passi.

Il Passato

La cosa importante che esaminerai utilizzando l'analisi tecnica sono i precedenti movimenti riferibili al prezzo del bene. Avrai bisogno di analizzare i movimenti di mercato passati e il modo in cui le persone sono state in grado di guadagnare da questi. Questo inoltre è un buon modo per garantire che l'azione o la coppia di valute sia effettivamente abbastanza volatile da realizzare un profitto, nel momento in cui tenti di prevedere quanto salirà o scenderà il prezzo.

C'è molto da imparare dai movimenti di prezzo passati di un bene, e dal modo in cui esso ha reagito agli eventi di mercato; parliamo ad esempio di un report sugli utili aziendali. Successivamente, dovrai valutare se ci sono opportunità di guadagno adeguate in base a come il titolo si è comportato. Se fai un investimento a lungo termine assicurati di scegliere prima di tutto opportunità di investimento che sono state redditizie in passato, questo perché avranno maggiori possibilità di continuare ad esserlo in futuro.

Previsioni sul Futuro

Un altro vantaggio che deriva dall'osservazione dei movimenti di prezzo passati di un bene è che sarai in grado concretamente di prendere una decisione più informata sul futuro e sui vari metodi che potrebbero permetterti di guadagnare in seguito. Questo è un elemento essenziale per assicurarti di trarre profitto dalle tue operazioni di trading.

Le opzioni binarie possono rivelarsi un vero gioco d'azzardo, sarà quindi necessario ridurre le possibilità di effettuare operazioni di trading scadenti. Tuttavia, l'analisi tecnica è uno strumento solido che ti aiuterà nell'analisi delle informazioni che possono influenzare il funzionamento delle tue operazioni di trading. Conoscere in anticipo il probabile andamento positivo di un'azienda (o l'andamento negativo) aumenta le probabilità di selezionare le giuste possibilità e posizionarsi meglio. Anche avendo a disposizione tutte le informazioni, devi sempre prestare attenzione perché i movimenti del mercato possono essere estremamente imprevedibili e portare a giudizi errati.

Nessun Rendiconto Finanziario

A volte può risultare difficile gestire rendiconti finanziari, tasse e altre informazioni sulle diverse aree di un'azienda. Per questo motivo, le persone potrebbero non voler utilizzare l'analisi fondamentale e scegliere invece l'analisi tecnica. Non funziona allo stesso modo, ma può fornire risultati altrettanto positivi e offrire agli investitori la possibilità di prendere decisioni migliori senza dover passare ore a leggere documenti per trovare le informazioni necessarie. Tali vantaggi sono un altro dei motivi per cui alcuni trader e investitori ritengono l'analisi tecnica un'opzione più interessante.

Se sei preoccupato per la poca accuratezza che deriva dal trading o dagli investimenti senza conoscere ogni singolo aspetto del passato finanziario dell'azienda, di certo trarrai beneficio dall'analisi tecnica.

Strumenti di Analisi Tecnica

Bande di Bollinger – Strumento di Analisi Tecnica (1)

Le Bande di Bollinger sono uno strumento molto utilizzato da investitori e trader quando vogliono aggiungere aspetti diversi di analisi tecnica alle proprie operazioni binarie. **Vengono utilizzate per misurare la volatilità del mercato.** Le bande definiscono i limiti superiore e inferiore del range del trading. Quando visualizzi le bande su un grafico ne avrai una superiore e una inferiore. Lo spazio tra la parte superiore e quella inferiore è chiamato canale di acquisto – vendita. Puoi utilizzare questo spazio tra le bande per avere un'idea di dove ti trovi all'interno del range di trading. Se sei vicino al massimo, sai di essere anche vicino al livello di resistenza e che esiste la possibilità di un'inversione di prezzo (il mercato inverte la direzione). Se sei nella parte finale, allora sai che sei vicino al livello di supporto per una potenziale inversione di prezzo.

Nella maggior parte dei casi i prezzi rimangono tra le bande. Il prezzo che inizia a saltare viene preso come un vero e proprio segnale, e quindi dovresti tenerlo in considerazione.

Media mobile – Strumento di Analisi Tecnica (2)

Simile alla banda di Bollinger, l'indicatore della media mobile normalmente è incluso nelle varie opzioni di creazione di grafici. Quando guardi il grafico della media mobile puoi visualizzare i movimenti medi del prezzo dell'asset che stai analizzando. Ciò ti fornirà informazioni non solo su dove erano posizionati i prezzi negoziabili, ma anche dove la media dei prezzi dell'azienda si trovava in relazione alle vendite presenti (se si trattava di azioni). Il prezzo medio è un'informazione chiave che ti aiuterà a determinare il probabile successo dell'operazione di trading, quindi assicurati di tenere questo aspetto in considerazione quando analizzi le diverse idee commerciali.

Le medie mobili (MA) sono utili nel loro complesso perché rendono più facile individuare un trend. Questo aspetto è fondamentale con azioni, valute estere o alcuni degli altri derivati in cui un mercato rialzista o ribassista possono entrambi essere ottimi. Con queste classi di attività non devi far altro che identificare o individuare questo trend. Ad esempio, per una media mobile di cinquanta giorni devi sommare i prezzi di chiusura di questi ultimi cinquanta giorni, dividere per cinquanta e tracciare un punto sul grafico per ogni giorno. Se analizzi un grafico della media mobile e hai MA dieci, MA cinquanta, allora dieci è il breve termine, cinquanta è il lungo termine.

La media mobile breve, se superiore a quella più lunga, porterà a ritenere il trend al rialzo. Se la media mobile più breve è inferiore a quella più lunga, i trend saranno considerati al ribasso.

L'Indice di Forza Relativa – Strumento di Analisi Tecnica (3)

L'RSI, Indice di Forza Relativa (Relative Strength Index), viene utilizzato per identificare se il mercato (azione, coppia di valute, ecc.) risulta essere ipercomprato o ipervenduto. Ha un indice da zero a cento. L'RSI corrisponde più o meno a ciò che sta accadendo, o che dovrebbe accadere. Letture inferiori a trenta indicano una possibile ipervendita del mercato: quando vedi o senti il termine ipervenduto significa proprio vendita eccessiva. Letture superiori a settanta sono indicatori che il mercato potrebbe essere ipercomprato, con presenza di acquisti eccessivi. Tieni presente che si tratta solo di indicazioni, non sono garanzie di qualcosa. Piccola nota, il mercato può rimanere ipercomprato o ipervenduto per un periodo di tempo considerevole. L'RSI è classificato come indicatore anticipatore dato che inizia a dare segnali prima dell'inizio del trend.

NOTA: queste sono solo le basi all'interno dell'analisi tecnica, per andare oltre avrai bisogno chiaramente di più tempo ed è un qualcosa che ti consiglio, specialmente con il trading a breve termine. Consulta la guida bonus all'analisi tecnica alla fine del libro per ampliare ulteriormente le tue conoscenze.

CAPITOLO 4:
Opzioni di Base

Le Opzioni Call

Quando acquisti un'opzione call hai la visione del mercato inerente a quanto aumenterà il prezzo di un'azione, una valuta, un contratto su una merce e altro prima della scadenza indicata. Le opzioni tradizionali rendono il tutto più difficile perché richiedono una stima del grado in cui il prezzo dell'attività aumenterà entro un certo periodo di tempo, ma le opzioni binarie lo semplificano focalizzando l'attenzione sull'ipotesi che il prezzo aumenterà o diminuirà da un certo punto nel tempo. Quindi, ricapitolando: se ritieni che il prezzo di un'azione (o di un'attività correlata) salirà, allora acquisterai un'opzione call.

Le Opzioni Put

Le opzioni put funzionano in modo simile alle call, ma nella direzione opposta. Se ritieni che il prezzo di un asset stia scendendo, comprerai una put. Una put indica la diminuzione un importo entro un *x* lasso di tempo indicato dalla data di scadenza. Il tuo obiettivo, al fine di guadagnare con un contratto di opzioni put, è prevedere con precisione quando il valore di un'attività diminuirà.

Salvaguardia

NON è possibile garantire che durante il trading delle opzioni binarie non perderai parte dei tuoi guadagni, ma ci sono alcune cose che puoi fare per proteggere il tuo denaro e aumentare le tue probabilità di guadagno. Ad esempio, la strategia di copertura delle opzioni di base è ciò che potrai utilizzare quando inizi a fare trading.

Asset Sottostante (Strategia di copertura di base)

La prima cosa da considerare è quella di negoziare l'asset sottostante in modo da avere più di un flusso di capitale che sta entrando nell'operazione di trading. Il trading che effettui con l'asset sottostante servirà come elemento protettivo nel caso di perdita di parte del tuo denaro sull'opzione. Un esempio potrebbe essere che dopo aver acquistato un'opzione put si acquista il titolo sottostante. Il tuo acquisto della put indica che ti aspetti che il prezzo delle azioni scenda, se la tua analisi non fosse corretta e le azioni salissero più in alto, il tuo acquisto di azioni ti proteggerebbe. In altre parole, hai coperto la tua posizione.

Mettendo il tuo denaro in due strade diverse, sei potenzialmente in grado di incassare due volte. Tuttavia, l'importo di cui puoi trarre profitto dipende dalle opzioni a disposizioni, dal rapporto di copertura (tra l'opzione rispetto al titolo sottostante) e dalle varie spese per l'esecuzione delle tue operazioni di trading.

Stop Loss

Per quanto riguarda gli ordini di stop loss che utilizzi con le azioni, ad esempio, alcuni broker offrono variazioni che possono essere utilizzati con le opzioni binarie (tieni presente che gli stop loss NON sono una caratteristica comune del trading di opzioni).

In generale, l'ordine di stop loss viene utilizzato per mitigare le proprie perdite fissando un punto in cui il titolo o altro asset verrà venduto se si è acquistato, o acquistato se si è venduto all'inizio dell'operazione di trading. Facendo trading con le opzioni binarie si perde di più all'inizio, semplicemente per il fatto che l'*importo* perso non indica in modo particolare l'importo dell'*investimento* personale perso, dato che le opzioni binarie sono essenzialmente delle scommesse sull'aumento o la diminuzione del prezzo di una merce o di un bene.

Fare Soldi

Il modo in cui guadagni dal tuo trading dipenderà dalle strategie utilizzate. A volte può essere difficile fare soldi, per questo devi tenere a mente tutte queste informazioni mentre fai trading. Se non sei stato in grado di realizzare profitti sufficienti, o se subisci perdite eccessive dal capitale posseduto, non sarai in grado di procedere e questo potrà mettere fine alla tua carriera nel trading di opzioni.

Necessità a Breve Termine

Poiché c'è molto da fare con il trading binario e le opportunità sono molte, presto potrai apprezzare i vantaggi che derivano dalle operazioni a breve termine e il modo in cui funzionano in varie strategie. Se hai intenzione di portare avanti delle operazioni di trading a lungo termine nel mercato delle opzioni binarie, puoi considerare l'utilizzo della strategia di base. Può aiutarti a creare migliori possibilità di avere operazioni di trading vincenti e avrai così minori probabilità di perdere denaro.

Iniziare in Piccolo

È sempre meglio iniziare in piccolo. Anche se hai molto capitale da utilizzare con le opzioni binarie non dovresti investirlo tutto. Anticipare tanti soldi è una strategia molto rischiosa e qualcosa di poco raccomandato. Invece, se vuoi trarre un profitto a lungo termine dovresti investire un po' di denaro all'inizio, creare profitti da quell'importo e poi aggiungere denaro ogni volta che raccogli sui profitti derivanti da ogni operazione di trading.

Motivi Principali Per Cui I Trader Perdono

I tre principali motivi per cui i trader perdono. Il primo è il non avere alcun piano, come si dice "non pianificare significa fallire", e questo è ancora più vero quando si ha a che fare con il trading. Gli esempi del non avere alcun piano provengono dall'esperienza personale nel trattare con nuovi trader. Alcune delle storie che ho sentito sono quasi incredibili, mi piacerebbe chiedere "Perché hai seguito questa operazione di trading?" con soldi per i quali probabilmente hanno lavorato sodo, Mi sono sentito rispondere, "Mio cugino mi ha detto di farlo", "Ne ho sentito parlare ad un barbecue", insomma cose davvero quasi incredibili e senza alcuna base del mestiere. Quindi, se non hai un piano i risultati rifletteranno questo stato.

Il secondo motivo è quello che io chiamo rischio eccessivo. Il rischio eccessivo significa fare trading di opzioni binarie, valuta estera o un qualche prodotto derivato dove si possono avere situazioni fino a cento, duecento o trecento volte tramite leva. Se viene massimizzato e viene utilizzata tutta la leva disponibile, allora in futuro avrai sicuramente un po' di trading rischioso. Vuoi dare un'occhiata alla tua esposizione al rischio o al margine e, come menzionato nelle mie lezioni, vuoi assicurarti che il fallimento sia sopravvivibile.

L'ultimo motivo è quello di confondere il trading con gli investimenti. In molti adotteranno questo approccio concorrenziale, affermando che fare trading è meglio che investire, io invece penso che dipenda da cosa stai facendo. Sempre che tu stia facendo trading, e per me se stai facendo trading significa che hai a disposizione un lasso di tempo relativamente breve. Ad esempio, i day trader apriranno e chiuderanno le negoziazioni entro un giorno perché in questo caso vengono utilizzati strumenti applicabili come l'analisi tecnica. Se hai un lasso di tempo più lungo per investire nel territorio, un anno, cinque o dieci, allora utilizzerai gli strumenti per farlo. Mettere in atto tecniche di scalping o day trading e inserirle nei tuoi investimenti non è una buona strategia.

CAPITOLO 5:
Segnali e Strategie Basate sulla Tecnologia

Ci sono alcune strategie che richiedono poco lavoro in prima persona, dato che il computer farà effettivamente la maggior parte, se non tutto, il lavoro di trading di opzioni binarie al posto tuo. Questa è l'idea alla base del trading automatico, qualcosa a cui le persone non avevano accesso in passato a causa della mancanza della tecnologia necessaria.

Con questi programmi non devi far altro che impostare il capitale di rischio che vuoi utilizzare nelle operazioni di trading e poi il trading avverrà automaticamente. Ti permette provare più strategie con le tue opzioni binarie mentre lavori verso la redditività iniziale.

Algoritmi

Questi sono strumenti che ti aiuteranno ad effettuare trading di opzioni binarie che ti porteranno su un terreno redditizio. Può essere una cosa positiva se non ti piace o non vuoi prendere molte decisioni sulle diverse opzione binarie disponibili per il trading. Gli algoritmi possono essere utilizzati anche in un piano che genera reddito passivo.

Sarebbe una buona idea indagare sulle diverse tipologie di trading che verranno eseguite in base agli algoritmi, il punto qui è fare una buona ricerca. A volte può essere difficile capire come funziona la programmazione che sta dietro agli algoritmi, quindi assicurati di capirne i meccanismi prima di provare ad utilizzarli. Quello che consiglio vivamente è di effettuare alcune operazioni di trading *manuali di base* prima di iniziare, in modo che il trading algoritmico non sia la prima cosa a cui vai incontro.

L'approccio di trading adottato da un algoritmo è diverso rispetto al trading binario via telefono, che rappresentava la maggior parte delle operazioni effettuate in passato. Un algoritmo lavora con numeri e codici durante la scansione continua del mercato globale per trovare le opportunità di trading. Un gioco di numeri come il trading di opzioni ci arriva un po' naturalmente; di conseguenza il margine di errore su un programma di trading di opzioni binarie molto ben scritto è di molto inferiore a quello di un essere umano.

Una delle sfide esistenti per il trading algoritmico è che semplicemente le persone non hanno tanta esperienza con il trading di opzioni binarie basate su algoritmi, come invece succede con il trading tradizionale. Dovrai scegliere attentamente tra gli algoritmi di opzioni disponibili sul mercato.

Segnali

Ci sono diversi provider di segnali binari che ti segnaleranno quando dovresti fare trading e come dovresti regolare le impostazioni delle operazioni di trading eseguite. Questi segnali possono includere suggerimenti su:

- Stop Loss
- Livelli di Ingresso
- Profit Taking
- Acquista/Vendita di Stop Order
- Ordini Limit
- Ordini di Mercato

Ciascun provider segue approcci differenti e avrà quindi approcci diversi sulle aree in cui sono specializzati. Qualunque sia la tua scelta, devi essere sicuro di fidarti dei segnali che ti vengono inviati e dei suggerimenti di trading che rendono disponibili.

Assicurati di utilizzare un segnale compatibile con la piattaforma di trading utilizzata. Alcuni segnali potrebbero non funzionare con determinate piattaforme. I segnali possono essere difficili, quindi impara il più possibile su di loro prima di usarli con il tuo trading. Nonostante l'uso di segnali, dovresti comunque pensare di affidarti ad un broker con le risorse necessarie per aiutarti con le opzioni di trading. Il trading binario, a prescindere dalla sua automatizzazione, può ancora risultare complicato.

Applicazioni

Gli algoritmi sono realmente convenienti per chi desidera avere a che fare con un trading delle opzioni binarie automatizzato, puoi sfruttare ancora di più la tecnologia dei mercati dei capitali usando le app disponibili. Puoi provare le diverse applicazioni per ottenere il massimo dei vantaggi dalle tue opzioni. Non solo ti aiuteranno ad approcciarti con il trading in modo più facile, ma ti permetteranno anche di fare tutto in movimento. Le applicazioni sono facili da utilizzare, combinano molte proprietà differenti e ti permettono di visualizzare le tue attività in tempo reale, indipendentemente da dove ti trovi.

Se hai scelto di utilizzare le applicazioni per le tue operazioni di trading binarie, allora assicurati di iniziare gradualmente e all'inizio della tua carriera di trader in modo da poter evitare cambiamenti importanti man mano che diventi più esperto. Una nota da tenere a mente: dato che si parla di una tecnologia relativamente nuova assicurati che l'applicazione che decidi di utilizzare sia recensita positivamente dagli altri trader.

CAPITOLO 6:
Strategia di Co-integrazione

Quando si inizia con le opzioni binarie, sono molte le classi di asset tra cui poter scegliere. Questa strategia ti permetterà di esplorare man mano che diventi più esperto e capire esattamente quali sono i metodi a te più congeniali.

L'idea è quella di trovare due asset (azioni, coppie di valute) similari e correlati tra loro, per un settore inerente o qualcosa del genere. Questo ti permetterà di notare quando c'è una differenza tra i due e trarre quindi profitto dalla differenza (gap) esistente.

Trovare gli Asset

La base di tutta questa strategia è trovare due azioni o asset correlati, identificare un divario tra i due e quindi utilizzarlo a proprio vantaggio. Ogni volta che c'è un divario, ad esempio tra due stock altamente correlati, spesso verrà chiuso. La rapidità della chiusura dipende molto dalla volatilità del mercato.

La maggior parte delle volte sarai in grado di trovare coppie forex simili e correre lungo percorsi paralleli, ma c'è comunque un notevole divario tra le parti. Forex e azioni sono i tipi di asset utilizzabili con la teoria della co-integrazione. Osservando le diverse classi di asset, scoprendo gradualmente come funziona la co-integrazione e con una certa pratica, potrai realizzare un profitto decente. Esamina le diverse opzioni binarie per classe di asset in modo da poter trovare le due migliori azioni o coppie di valute applicabili, utilizzabili durante l'assemblaggio della strategia di co-integrazione.

Riconoscere la Differenza

La differenza tra i due è il dove creerai guadagni. Non vuoi che il divario sia troppo grande o troppo piccolo perché ciò ti renderà più difficile capire come affrontare un percorso futuro. Una volta trovato un divario adatto tra le due risorse, allora vorrai sfruttare proprio questa differenza. Dopo averlo fatto una prima volta, sarà più facile ripeterlo in futuro. Puoi continuare ad utilizzare lo stesso modello in cui effettui operazioni di trading su più opzioni.

Agire di Conseguenza

Trovare asset con lacune e riconoscere quelle da cui è possibile trarre profitto, sono i primi elementi che fanno parte della strategia di co-integrazione. Dovrai riconoscere quale asset sta *causando* il divario: spesso è dovuto alla temporanea debolezza di un titolo o all'improvvisa impennata di un altro, anche se in realtà le ragioni possono essere molte. Nel miglior modo possibile, identifica il motivo e poi acquista una call se ritieni che un titolo sia ipervenduto dal mercato, oppure acquista un put se pensi che il titolo stia vivendo un'impennata temporanea e presto scenderà.

Punto di Uscita e Profitto

Il punto in cui lo spazio si chiude è il punto di uscita. Questo è il punto che cercherai ogni volta che usi questa strategia. Se vuoi assicurarti di ottenere il massimo dalla strategia di co-integrazione, non devi far altro che incassare sul punto di uscita. Se sei attento e segui una strategia con le tue opzioni binarie, puoi persino iniziare a prevedere la tempistica del punto di uscita.

CAPITOLO 7:
Selezione di un Partner Di Trading

Cosa stavi cercando quando hai pensato di aprire un conto di trading dal vivo (finanziato)? Come prima cosa una piattaforma affidabile: per me affidabile significa che quando è il momento di fare operazioni di trading la piattaforma funziona, di conseguenza puoi ottenere prezzi in streaming (negoziabili) che ti permettono di acquistare e vendere con facilità. Se stai facendo trading con un broker che ha una piattaforma nella quale si sono verificati dei cali per più di un paio di volte l'anno, allora dovresti rivedere la tua scelta; in realtà la piattaforma non dovrebbe essere considerata anche se con un solo evento di calo in un anno, dato che la maggior parte di queste tendono verso l'alto per tutto il tempo.

Il prossimo elemento da considerare è ciò che io chiamo buona liquidità rispetto ai numeri. Quando parlo di "numeri" mi riferisco all'eventualità che tu stia cercando di fare trading di notizie, ad esempio su numeri di rapporti di lavoro, rapporti sui tassi di interesse, numeri di abitazioni. Molti trader basano la maggior parte della propria strategia sul trading "oltre i numeri", come viene chiamato nel settore. Questo è trading nel mezzo delle notizie di mercato e questo è anche il momento in cui puoi effettivamente entrare in questo tipo di compressione della liquidità. Prendiamo un esempio concreto legato alla necessità di una buona liquidità rispetto ai numeri: viene annunciata la decisione sul tasso della Banca d'Inghilterra, stai tentando un'operazione di trading e quando provi a comprare o vendere il tuo broker continua a riquotare i prezzi o forse non ti permette nemmeno di continuare. Se riscontri questo problema regolarmente, prendi in considerazione l'idea di fare trading altrove dato che dovrebbe permetterti di effettuare operazioni anche su notizie.

Infine, dovresti assolutamente parlare con qualche tuo amico, magari qualcuno che è già un trader di opzioni pesanti e può parlarti delle sua esperienza con il proprio broker. Di solito questa è una buona fonte della loro affidabilità (dei broker) nel momento in cui hai bisogno di fare trading. Dovrai anche informarti sul processo in caso sia necessario trasferire denaro sul conto, o dal conto. Che esperienza ha avuto il tuo amico? Non ha avuto particolari problemi o ha dovuto combattere con molta burocrazia e inviare innumerevoli email per raggiungere il suo obiettivo.

Quindi, passando in rassegna quello che abbiamo detto dovresti considerare di vare un buon partner commerciale, una piattaforma affidabile, una buona liquidità rispetto ai rapporti di mercato e il feedback dei tuoi amici.

BONUS:
Guida all'Analisi Tecnica del Trading

Come promesso, in questo libro c'è molto di più rispetto al contenuto che hai letto finora. Questa esclusiva guida all'analisi tecnica fornisce contenuti estesi sulle strategie di opzioni binarie da usare per forex, azioni e materie prime. Combinando il contenuto che hai letto finora con la guida all'analisi tecnica otterrai il massimo dei benefici.

Intervallo di Tempo del Grafico

L'intervallo di tempo è il fattore più importante per una decisione di trading. La decisione di acquistare o vendere inizia <u>sempre</u> con l'intervallo di tempo. Il segnale per comprare o vendere per un day trader è differente da quello di uno swing trader, e nella maggior parte dei casi è estremamente diverso rispetto ad un trader/investitore a lungo termine. Gli esempi che utilizzeremo si basano su intervalli di tempo di negoziazione a breve termine/giorno.

Day trading - Chiusura delle posizioni entro 24 ore

Swing trading - Le operazioni di trading di holding aprono a partire da poche ore fino ad un massimo di pochi giorni

Per i trader a breve termine è già utile poter contare su di un grafico ad 1 ora che gli permette di ottenere una panoramica del mercato, e da qui decidere di fare trading con il grafico a 30 o 15 minuti. Più breve sarà il tuo orizzonte temporale di trading, più breve sarà il periodo di tempo riportato sul grafico.

Per utilizzare queste impostazioni ti consiglio di creare grafici inerenti a diversi intervalli di tempo e lasciarli aperti sulla piattaforma di trading. Ciò renderà più efficienti le operazioni di trading.

Intervallo di tempo e la tua posizione nel canale acquisto – vendita

Una volta impostato l'intervallo di tempo, dovrai individuare dove sei posizionato nel canale di trading (il canale di trading è l'area che intercorre tra le bande alte e basse delle Bande di Bollinger). Se sei vicino alla parte superiore significa che non sei lontano da un potenziale livello di inversione (dove il mercato gira/inverte), ad esempio se dirigendosi verso l'alto improvvisamente poi si sposta verso il basso. Se sei in basso e il mercato si dirige verso l'alto, si tratta comunque di un livello di inversione.

Cosa fare con i livelli di inversione

Ed è qui che il trading diventa un po' più complicato. Solo perché siamo ad un livello di inversione o vicini ad esso non significa che il mercato andrà incontro ad una inversione reale. Potremmo anche ottenere un breakout (il mercato va al di sopra/al di sotto dei livelli di resistenza o supporto noti). Un consiglio che puoi seguire per il dopo è semplicemente quello di rivedere il grafico per analizzare i movimenti di mercato passati (è salito o è sceso) rispetto al livello dei prezzi che ti interessano, in modo da capire cosa sia accaduto al mercato l'ultima volta. Questo aspetto è importante perché il "soggetto" centrale qui è il mercato, non tu.

Ad esempio, se il mercato si è già spostato verso il basso ci sono buone probabilità che lo faccia nuovamente. Tuttavia, questo comportamento NON va considerato come una garanzia, oltre al fatto che è importante conoscere anche i dati fondamentali (notiziario, dati economici); la noncuranza potrebbe vanificare tutti i risultati raggiunti dall'ultima volta.

Se non hai già una posizione aperta e il mercato è a un potenziale livello di inversione, un modo per effettuare operazioni di trading è quello di impostare un ordine di acquisto al di sopra del livello di inversione. Quindi, se il mercato ottiene il breakout vuol dire che sei dentro. L'ordine di acquisto fa parte anch'esso della tua gestione del rischio, dato che ci sarà denaro sul tavolo solo se viene concretizzato il tutto e diventerà quindi un'operazione di trading.

Dopo aver capito dove sei posizionato nel canale di acquisto/vendita, devi prestare maggiore attenzione all'indicatore RSI e a ciò che ti sta comunicando. Deve esistere una corrispondenza tra questo indicatore e le tue operazioni di trading. Quindi, se l'RSI è a livelli di mercato ipercomprato e tu sei vicino a livelli di inversione considerando le Bande di Bollinger, significa che vi sono buone opportunità di vendita.

Segnali di acquisto ideali

Idealmente, su un segnale di acquisto vuoi che il tuo RSI salga o si avvicini ai livelli 30-40, concedendo un buono spazio e una buona opportunità di salire. Allo stesso tempo, vuoi anche che il mercato sia localizzato/scambiato vicino alla parte inferiore delle Bande di Bollinger.

Infine, se utilizzi grafici a candele giapponesi vorrai che queste siano verdi (prezzi in chiusura). Come puoi vedere, abbiamo bisogno di visualizzare gli stessi dati (verso l'alto) dai nostri strumenti. Candele giapponesi rosse (prezzi che chiudono al ribasso) e livelli di RSI ipercomprato (acquisto eccessivo) significano che sei di fronte ad un segnale misto. Tutto questo ti sta dicendo di "rimanere in disparte"... non fare trading fino a quando le cose non saranno più chiare.

Segnali di vendita ideali

Un segnale di vendita ideale è semplicemente l'opposto di quanto abbiamo descritto sopra. In altre parole, il tuo RSI scenderà dai livelli 70-80. Allo stesso tempo, vuoi anche che il mercato sia localizzato/scambiato vicino alla parte inferiore delle Bande di Bollinger. Infine, se utilizzi grafici a candele giapponesi vorrai che questi siano rossi (prezzi in chiusura al ribasso).

Conclusioni

L'ideale sarebbe poter effettuare un'operazione di trading partendo quando tutti gli elementi sono il più vicino possibile all'ideale perseguito. Di fronte a zone grigie e di indecisione ti consiglio di utilizzare gli ordini di acquisto o vendita. Gli ordini NON sono operazioni, quindi non rischierai il tuo denaro fino a quando non verranno messi in atto concretamente. Questi ordini verranno effettuati vicino ai livelli ideali a cui stai cercando di fare trading.

Come ho sottolineato più volte, scenario di trading ideale o meno, devi sempre mettere in campo un ordine di stop. Purtroppo, anche la migliore ricerca del mondo non può garantire un trading redditizio.

Impostazioni per gli strumenti di analisi tecnica

RSI

Se parliamo di RSI, il default di 14 è corretto per la maggior parte degli FX, CFD, equity trading. Tuttavia, con trading a breve termine o swing trading, 14 non è ottimale. Suggerisco 7 per lo swing trading e fino a 4 per il day trading.

Bande di Bollinger

Le impostazioni predefinite hanno riscosso il maggiore successo in relazione al loro funzionamento; ti consiglio di mantenere queste impostazioni.

Medie Mobili

Utilizziamo 50, 100, 200. 50 è il segnale di allerta, 100 a breve termine e 200 a lungo termine.

SEGNALI DI TRADING

SERVIZI DI SEGNALI DI TRADING BINARIO

I segnali aiutano i trader esternalizzando il processo di ricerca. Perché qualcuno dovrebbe aver bisogno di fare trading con segnali se il trading binario è così semplice? Prevedere l'aumento o la diminuzione dei prezzi è piuttosto difficile.

I segnali di trading sono raccomandazioni inviate via email, SMS e altro. I trader sanno posizionare un'operazione con la data di scadenza e il prezzo di esercizio dell'opzione. Se sei sicuro dell'accuratezza del servizio di segnali, semplicemente fai trading sui segnali. Puoi utilizzare i segnali anche per riconfermare la tua ricerca.

L'ACCURATEZZA NON È GARANZIA DI PROFITTO

I segnali di un provider sono fatti per agire in modo rapido. Con i mercati veloci hai solo una piccola finestra di opportunità. La maggior parte dei consigli ricevuti avrà validità di massimo un'ora, alcuni rimarranno validi solo per pochi minuti.

AFFIDABILITÀ DEI SEGNALI DI TRADING

I segnali sono buoni quanto le persone che vi stanno dietro. Puoi avere a che fare con una società di analisti professionisti o solo trader veterani con anni di esperienza. Controlla le recensioni.

Segnali: Elementi da Considerare

- **IL PREZZO**

  Un prezzo più alto non sempre è indice di quanto accurato possa essere un provider di segnali.

- **AFFERMAZIONI POCO CREDIBILI**

  Se ti imbatti in un provider che fa affermazioni folli sui suoi servizi, stanne lontano.

- **ATTENZIONE AI RISULTATI FALSI**

  Tutto può essere manipolato. Fai attenzione agli screenshot pubblicati dai provider come prova di accuratezza dei propri servizi.

- **REPUTAZIONE E TRACK RECORD**

  Cerca sempre un provider con una buona reputazione e track record tra i tuoi amici di trading.

STRATEGIA SUPPORTI E RESISTENZE

STRATEGIA SUPPORTI E RESISTENZE

I mercati sono noti per fluttuare, il che li rende il luogo ideale per i nuovi trader per fare operazioni di trading con opzioni binari (Call/Put).

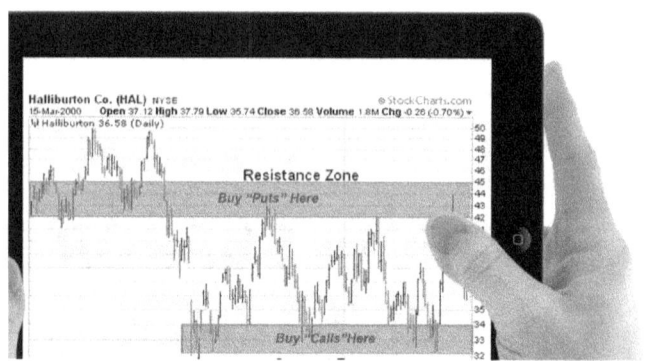

ATTUAZIONE DELLA STRATEGIA

Il bello della strategia supporti e resistenze è che è facile da capire e può essere applicata a qualsiasi mercato. Acquista una put a livello di resistenza oppure una call a livello di supporto.

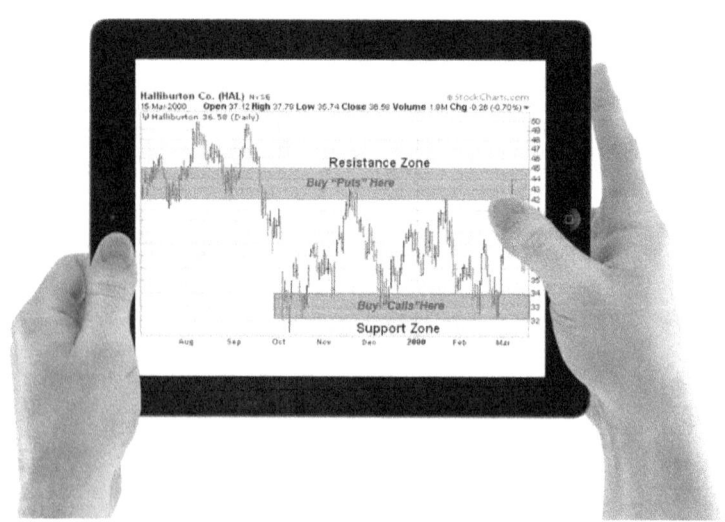

LA STRATEGIA TRIANGLE BREAKOUT

MODELLI TRIANGOLARI

I modelli triangolari formati sui grafici dei prezzi possono essere di tre tipi principali: simmetrico, ascendente e discendente.

TRIANGOLO SIMMETRICO

Questo modello grafico si forma a causa dell'indecisione del mercato. Il tiro alla fune tra domanda e offerta fa sì che i massimi e i minimi del prezzo del bene convergano insieme e vadano a formare questo modello.

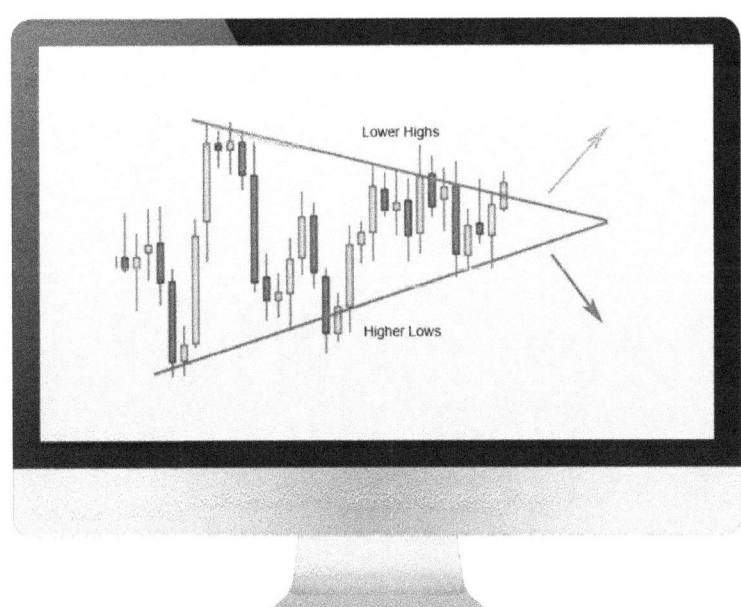

Come sfruttare un modello così neutro? Devi acquistare un'opzione call al di sopra della pendenza dei massimi inferiori e un'opzione put al di sotto della pendenza dei minimi superiori. Indipendentemente dalla direzione in cui stanno andando i prezzi, noi continueremo.

 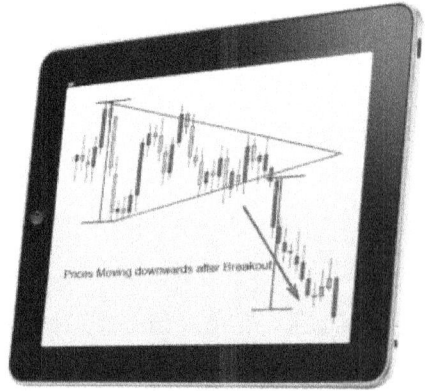

Non appena i prezzi raggiungono il primo ordine, piazzane un altro nella stessa direzione del primo per massimizzare il breakout.

TRIANGOLO ASCENDENTE

Il modello ripercorre una linea di trend orizzontale in alto e una linea di trend ascendente in basso. Si forma quando una serie di minimi più alti sale verso una linea di resistenza. Gli acquirenti presenti sul mercato acquisiscono forza attraverso la serie di minimi più alti. In questo caso prima o poi avverrà un breakout. Normalmente i prezzi si troveranno in un trend rialzista dato che le pressioni all'acquisto costringeranno i prezzi di chiusura al rialzo, tuttavia è anche possibile che i prezzi vadano nella direzione opposta.

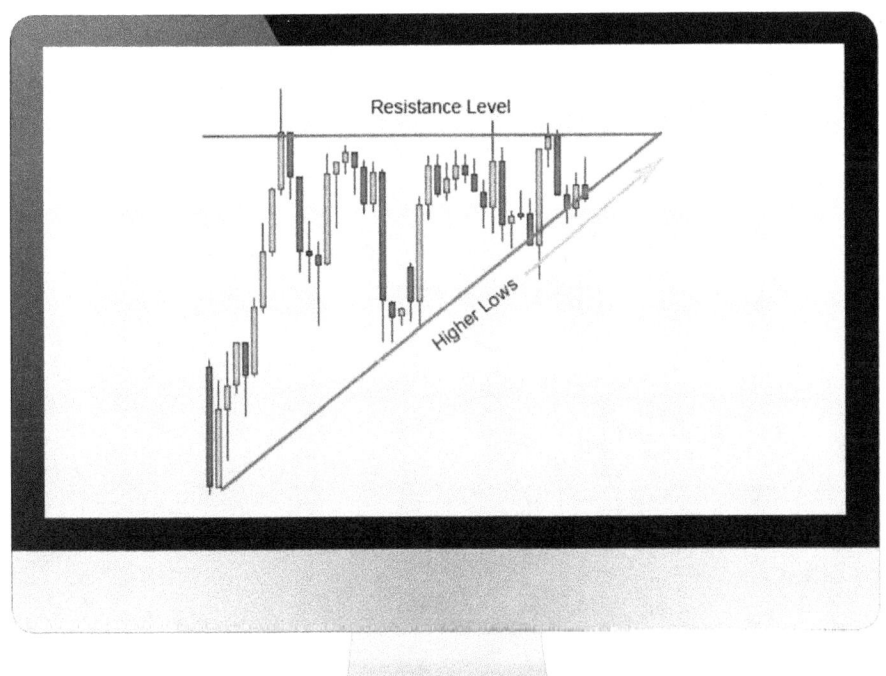

Se prevediamo che i prezzi siano in trend rialzista, acquista un'opzione call pari o leggermente al di sopra del livello di resistenza.

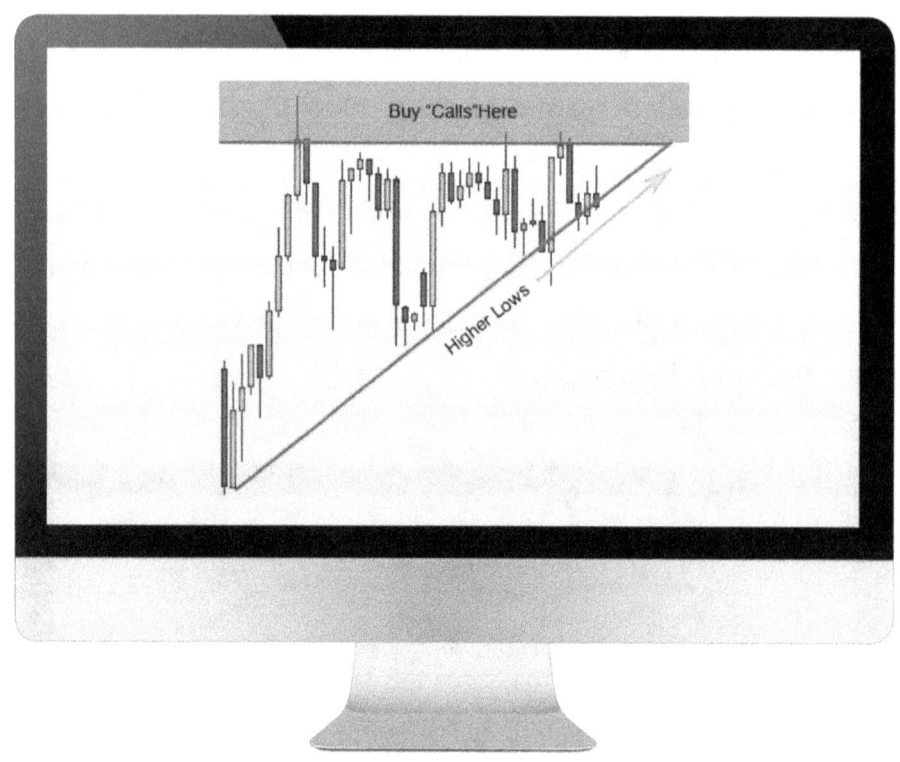

TRIANGOLO DISCENDENTE

Caratterizzato da una linea di tendenza inclinata verso il basso, convergente verso un livello di supporto orizzontale. Questo modello si forma quando la pressione di vendita nel mercato sta lentamente guadagnando terreno contro le forze della domanda (acquisto).

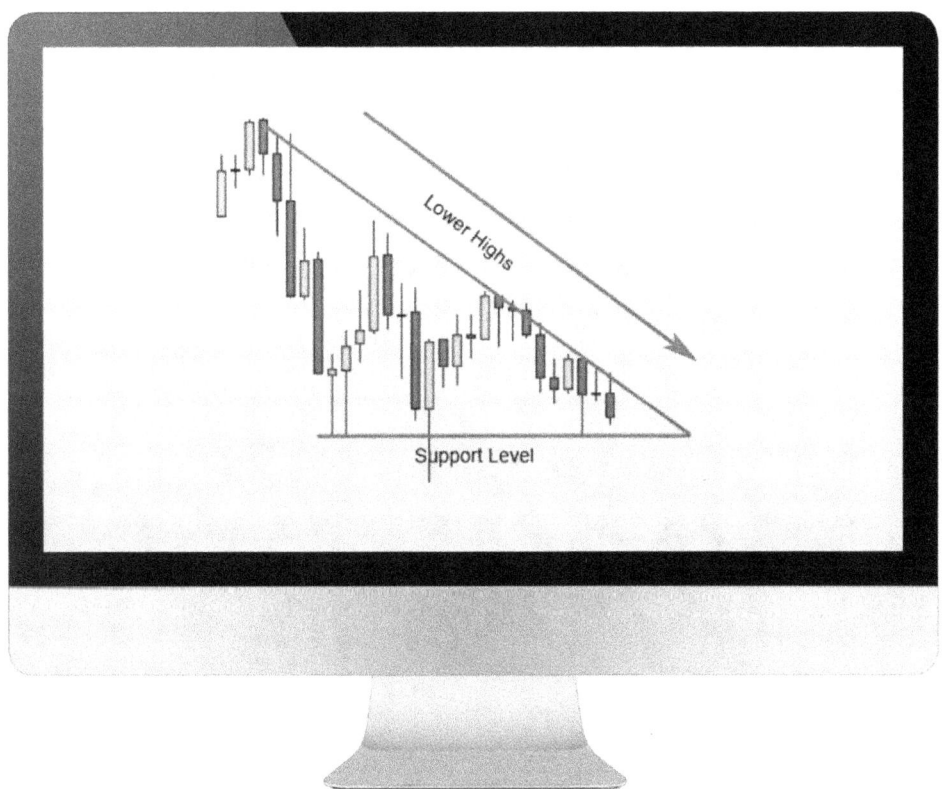

Poiché la pressione di vendita costringe i prezzi di apertura verso il basso, è altamente probabile che questi possano esplodere in una tendenza al ribasso. Poiché prevediamo che il prezzo diminuirà, dovresti acquistare un'opzione put al livello di supporto o leggermente al di sotto.

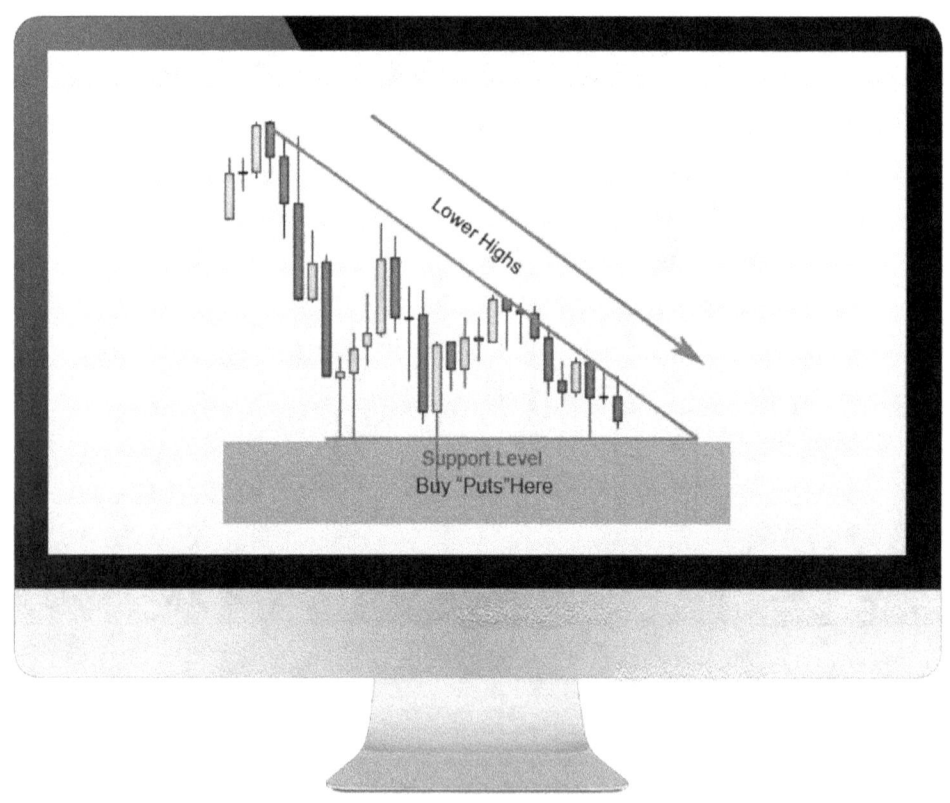

CONCLUSIONI

Grazie per essere arrivato alla fine di *Strategie di Trading Binario: Scopri le Strategie per Realizzare Profitti Con le Opzioni Binarie.* Spero che tu possa averlo trovato informativo e in grado di fornirti alcuni strumenti aggiuntivi per raggiungere i tuoi obiettivi di trading con le opzioni binarie e riuscire a guadagnare con esse.

Il prossimo passo è quello di mettere alla prova le tue abilità nel trading e accumulare il tuo capitale di rischio in modo da poter effettuare ulteriori operazioni di trading. Questo ti aiuterà ad avere un'esperienza migliore e ti darà la motivazione di cui hai bisogno per avere successo con il trading di opzioni binarie.

L'AUTORE

Wayne Walker dirige una società che si occupa di consulenza e formazione sui mercati di capitale globali: gcmsonline.info. Vanta diversi anni di esperienza nella guida e nel coaching di team di consulenti per gli investimenti, oltre ad aver gestito team con le migliori prestazioni in un Gruppo di Clienti Privato basato sul Benchmark Earnings (BME).

www.ingramcontent.com/pod-product-compliance
Lightning Source LLC
Chambersburg PA
CBHW070849220526
45466CB00005B/1936